보라빛소 워크북 시리즈

초등 입학 전 미리 공부하는

또박또박 한글떼기

2
5~7세

자음과 모음, 받침이 없는 글자, 받침이 있는 글자

보라빛소콘텐츠팀 글 | 이우일 그림 | 장희윤 감수

KB121653

보라빛소 어린이
Borabit Cow

"또박또박 따라 쓰며 한글을 떼요!"

어린이 여러분! 반가워요. 이 책은 또박또박 따라 쓰면서 저절로 한글과 친해지고 공부할 수 있도록 도와주는 여러분의 친구랍니다. 지금부터 이 친구의 특징을 소개할게요.

손으로 따라 쓰기만 해도 공부가 돼요!

이 책은 '쓰기'를 통해 한글을 뗄 수 있도록 도와줍니다. 그냥 눈으로 읽는 것도 좋지만, 눈과 입으로 소리 내어 읽은 뒤, 내 손으로 직접 한 글자 한 글자 꾹꾹 눌러 쓸 때 비로소 진짜 내 것으로 만들 수 있거든요.

매일매일 하루 10분이면 충분해요!

한꺼번에 무리해서 공부하려고 하지 마세요. 배움의 기쁨이 사라질 수도 있어요. 재미있게 공부하기 위해서는 매일 2쪽씩, 하루 10분이면 충분하답니다. 대신 그날의 정해진 분량을 꼼꼼하게 공부하기로 약속!

차근차근 단계별로 익힐 수 있어요!

이 책은 총 5권으로 이루어져 있어요. 한글을 처음 접하는 3~4세 친구들을 위한 자음과 모음부터, 초등 입학을 준비하는 5~7세 친구들이 꼭 알아야 할 단어와 문장을 20단계에 걸쳐 나누어 담았답니다. 쉬운 부분부터 어려운 부분에 이르기까지 차근차근 난이도를 높여가며 공부하면 금세 한글을 뗄 수 있어요.

한글 맞춤법 공부도 할 수 있어요!

앞으로 학교에 다니게 되면 한글 맞춤법이 정말 중요해질 거예요. 그런데 어린이뿐만 아니라 어른들에게도 한글 맞춤법은 어렵고 복잡하답니다. 하지만 이 책으로 또박또박 따라 쓰며 한글을 공부하다 보면 어려운 맞춤법과 띄어쓰기도 저절로 익히게 될 거예요.

엄마와 함께 한글을 공부해요!

단계가 끝날 때마다 평가 페이지가 있어요. 혼자서 풀어 보고 엄마와 함께 정답을 확인해 보세요. 2~5권의 맨 뒷장에는 받아쓰기 코너가 마련되어 있어요. 국어 선생님이 골라 주신 초등 교과서 속 문장을 엄마가 불러 주고 아이가 받아쓰면서 배운 것을 잘 이해했는지 점검해 보세요.

또박또박 쓰다 보면 글씨체도 예뻐져요!

이 책이 시키는 대로, 바른 자세와 바른 마음으로 글씨를 써 보세요. 그저 한글 공부를 하고 있을 뿐인데 어느새 예쁜 글씨체까지 덤으로 얻게 될 거예요.

자, 그럼 지금부터 한글 뗄 준비 되었나요? 《초등 입학 전 미리 공부하는 또박또박 한글 떼기》(전5권)와 함께 신나는 한글의 세계로 떠나 보세요!

📝 20단계 프로그램으로 한글의 원리가 쏙쏙!

1권

0단계	한글과 친해지기	자음과 모음을 만나요.

2권

1단계	자음과 모음	자음과 모음의 발음자를 익혀요.
2단계	받침이 없는 쉬운 글자	쉬운 자음과 모음이 합쳐진 글자를 배워요.
3단계	받침이 없는 어려운 글자	어려운 모음 '눠, 퀘, 궤' 등을 구별해요.
4단계	받침이 있는 쉬운 글자	쉬운 받침이 있는 글자를 배워요.
5단계	받침이 있는 어려운 글자	받침과 어려운 모음이 있는 글자를 배워요.

3권

6단계	같은 자음이 겹치는 겹글자	같은 자음이 겹쳐서 이루어진 글자를 배워요.
7단계	받침이 뒤로 넘어가는 글자	앞의 받침이 뒤에 오는 글자의 첫소리로 넘어가요.
8단계	된소리가 나는 글자	앞의 받침 때문에 뒷글자에서 된소리가 나요.
9단계	소리나 모양을 흉내 낸 글자	소리나 모양을 흉내 낸 글자를 익혀요.
10단계	틀리기 쉬운 글자	'이'와 '히'로 끝나는 틀리기 쉬운 글자를 익혀요.

4권

11단계	구개음으로 바뀌는 글자	앞의 받침 때문에 구개음으로 바뀌어요.
12단계	거센소리가 나는 글자	앞의 받침 때문에 뒷글자에서 거센소리가 나요.
13단계	받침의 표기와 소리가 다른 글자	받침을 적을 때와 발음할 때가 달라요.
14단계	자음의 발음이 닮아가는 글자	앞글자의 받침과 뒷글자의 첫소리가 서로 닮아가요.
15단계	발음이 같아서 헷갈리는 글자	발음은 같은데 쓰는 법은 다른 글자를 익혀요.

5권

16단계	사이시옷을 붙이는 글자 1	사이시옷을 붙이는 글자를 익혀요.
17단계	사이시옷을 붙이는 글자 2	사이시옷을 붙이는 글자를 익혀요.
18단계	자음이 첨가되는 글자	음이 첨가되어 소리가 바뀌는 글자를 배워요.
19단계	받침이 두 개인 어려운 글자	받침 두 개가 겹치는 글자를 배워요.
20단계	예사말과 높임말	밥과 진지가 어떻게 다른지 알아봐요.

✏️학습 효과가 뛰어난 단계별 평가와 교과서 속 받아쓰기 문장 수록!

낱말 쓰기

같은 원리를 가진 낱말끼리 모아 여러 번 읽고 따라 쓰다 보면 자연스럽게 그 원리도 깨치게 될 겁니다. 그림을 통해 의미를 파악할 수 있으며, 아직 글씨 쓰기에 익숙하지 않은 아이도 혼자서 또박또박 글씨 쓰는 연습을 할 수 있습니다.

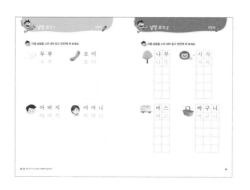

어구와 문장 쓰기

각 단계에서 배운 낱말들을 어구 또는 문장으로 만들어 따라 쓰기 연습을 할 수 있습니다. 두 개 이상의 낱말을 비교하면서 차이를 확인할 수 있고 띄어쓰기도 자연스럽게 익히도록 구성하였습니다.

단계별 평가

각 단계마다 '평가'를 수록하였습니다. 앞에서 배운 낱말의 의미와 맞춤법을 제대로 익혔는지 확인할 수 있습니다. 잘못 쓴 글자를 보면서 고치는 문제를 수록하여 각 단계가 끝날 때마다 배운 내용을 확실히 복습할 수 있게 도와줍니다.

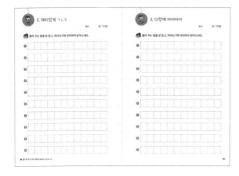

교과서 따라잡기

최신 개정 교과서에 나오는 출제 빈도가 높은 문장을 중심으로 받아쓰기 문제를 수록하였습니다. 부모님이 직접 문제를 불러 주세요. 초등학교 입학 전에는 예습용으로 사용하고, 입학 후에는 아이가 국어 교과서의 낱말과 문장을 잘 받아쓸 수 있는지 확인할 수 있습니다.

차례

1단계
자음과 모음

한글은 자음과 모음이
합쳐져 만들어지는 글자랍니다.
기본 자음은 'ㄱ'부터 'ㅎ'까지 14자,
기본 모음은 'ㅏ'부터 'ㅣ'까지 10자입니다.
본격적인 한글 떼기 연습에 들어가기 전에
자음자와 모음자를 순서에 맞게
쓰는 연습을 해 봐요.

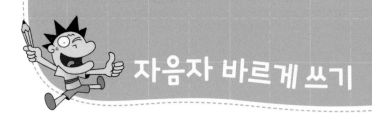
 'ㄱ'부터 'ㅅ'까지 순서에 맞게 자음자를 바르게 써 봅시다.

기역	니은	디귿	리을	미음	비읍	시옷
ㄱ	ㄴ	ㄷ	ㄹ	ㅁ	ㅂ	ㅅ
ㄱ	ㄴ	ㄷ	ㄹ	ㅁ	ㅂ	ㅅ

 'ㅇ'부터 'ㅎ'까지 순서에 맞게 자음자를 바르게 써 봅시다.

이응	지읒	치읓	키읔	티읕	피읖	히읗
ㅇ	ㅈ	ㅊ	ㅋ	ㅌ	ㅍ	ㅎ
ㅇ	ㅈ	ㅊ	ㅋ	ㅌ	ㅍ	ㅎ

 '기역'부터 '시옷'까지 자음자의 발음을 바르게 써 봅시다.

기	역	니	은	디	귿	리	을
기	역	니	은	디	귿	리	을

미	음	비	읍	시	옷
미	음	비	읍	시	옷

 '이응'부터 '히읗'까지 자음자의 발음을 바르게 써 봅시다.

이	응	지	읒	치	읓	키	읔
이	응	지	읒	치	읓	키	읔

티	읕	피	읖	히	읗
티	읕	피	읖	히	읗

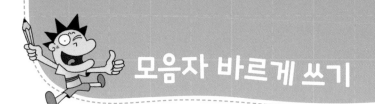
 'ㅏ'부터 'ㅗ'까지 순서에 맞게 모음자를 바르게 써 봅시다.

아	야	어	여	오
ㅏ	ㅑ	ㅓ	ㅕ	ㅗ
ㅏ	ㅑ	ㅓ	ㅕ	ㅗ

 'ㅛ'부터 'ㅣ'까지 순서에 맞게 모음자를 바르게 써 봅시다.

요	우	유	으	이
ㅛ	ㅜ	ㅠ	ㅡ	ㅣ
ㅛ	ㅜ	ㅠ	ㅡ	ㅣ

 '아'부터 '이'까지 모음자의 발음을 바르게 써 봅시다.

아	야	어	여	오
아	야	어	여	오

요	우	유	으	이
요	우	유	으	이

자음자와 모음자를 합치면?

자음과 모음이 합쳐져 어떤 글자를 이루는지 살펴보세요.

모음자 자음자	ㅏ	ㅑ	ㅓ	ㅕ	ㅗ	ㅛ	ㅜ	ㅠ	ㅡ	ㅣ
ㄱ	가	갸	거	겨	고	교	구	규	그	기
ㄴ	나	냐	너	녀	노	뇨	누	뉴	느	니
ㄷ	다	댜	더	뎌	도	됴	두	듀	드	디
ㄹ	라	랴	러	려	로	료	루	류	르	리
ㅁ	마	먀	머	며	모	묘	무	뮤	므	미
ㅂ	바	뱌	버	벼	보	뵤	부	뷰	브	비
ㅅ	사	샤	서	셔	소	쇼	수	슈	스	시
ㅇ	아	야	어	여	오	요	우	유	으	이
ㅈ	자	쟈	저	져	조	죠	주	쥬	즈	지
ㅊ	차	챠	처	쳐	초	쵸	추	츄	츠	치
ㅋ	카	캬	커	켜	코	쿄	쿠	큐	크	키
ㅌ	타	탸	터	텨	토	툐	투	튜	트	티
ㅍ	파	퍄	퍼	펴	포	표	푸	퓨	프	피
ㅎ	하	햐	허	혀	호	효	후	휴	흐	히

15

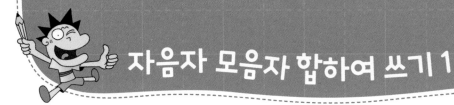

 자음자와 모음자를 합하여 글씨를 써 봅시다.

모음자 자음자	ㅏ	ㅑ	ㅓ	ㅕ	ㅗ	ㅛ	ㅜ	ㅠ	ㅡ	ㅣ
ㄱ	가	갸	거	겨	고	교	구	규	그	기
ㄴ	나	냐	너	녀	노	뇨	누	뉴	느	니
ㄷ	다	댜	더	뎌	도	됴	두	듀	드	디
ㄹ	라	랴	러	려	로	료	루	류	르	리
ㅁ	마	먀	머	며	모	묘	무	뮤	므	미
ㅂ	바	뱌	버	벼	보	뵤	부	뷰	브	비
ㅅ	사	샤	서	셔	소	쇼	수	슈	스	시
ㅇ	아	야	어	여	오	요	우	유	으	이
ㅈ	자	쟈	저	져	조	죠	주	쥬	즈	지
ㅊ	차	챠	처	쳐	초	쵸	추	츄	츠	치
ㅋ	카	캬	커	켜	코	쿄	쿠	큐	크	키
ㅌ	타	탸	터	텨	토	툐	투	튜	트	티
ㅍ	파	퍄	퍼	펴	포	표	푸	퓨	프	피
ㅎ	하	햐	허	혀	호	효	후	휴	흐	히

자음자 모음자 합하여 쓰기 2 3일차

 자음자와 모음자를 합하여 글씨를 써 봅시다.

모음자 자음자	ㅏ	ㅑ	ㅓ	ㅕ	ㅗ	ㅛ	ㅜ	ㅠ	ㅡ	ㅣ
ㄱ										
ㄴ										
ㄷ										
ㄹ										
ㅁ										
ㅂ										
ㅅ										
ㅇ										
ㅈ										
ㅊ										
ㅋ										
ㅌ										
ㅍ										
ㅎ										

17

1단계 평가

1. 다음 글자의 짜임을 보고 빈칸에 알맞은 낱자를 쓰세요.

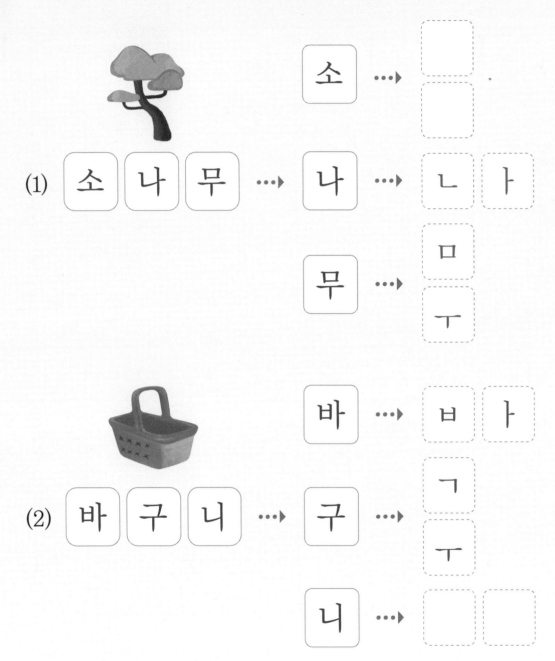

2. 다음 중 '어머니'라는 글자에 들어 있는 낱자가 아닌 것은?

① ㅇ   ② ㅓ   ③ ㅁ   ④ ㅏ   ⑤ ㄴ

3. 다음 빈칸에 알맞은 낱자는 무엇인지 쓰세요.

하 ┅▶ [   ] ㅏ

 4. 다음 보기의 낱자를 이용하여 만들 수 있는 글자가 아닌 것은?

[보기] ㄷ ㅋ ㅏ ㅗ

① 도   ② 다   ③ 커   ④ 카   ⑤ 코

 5. 다음 그림을 보고 빈칸에 알맞은 글자를 쓰세요.

여
[   ] 유

2단계
받침이 없는 쉬운 글자

'피자'와 '도화지'의 공통점은 무엇일까요?
모두 받침이 없다는 겁니다.
2단계에서는 받침이 없는 쉬운 글자로
이루어진 낱말을 배울 거예요.
'ㄱ, ㄴ, ㄷ, ㄹ…' 각 자음의
모양과 소리를 구별하고
'ㅏ'와 'ㅘ', 'ㅐ'와 'ㅔ'처럼 헷갈리는
모음의 발음에 주의해야 해요.

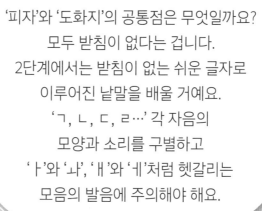

 다음 낱말을 소리 내어 읽고 빈칸에 써 보세요.

두	부
두	부

오	이
오	이

아	버	지
아	버	지

어	머	니
어	머	니

 다음 낱말을 소리 내어 읽고 빈칸에 써 보세요.

나	무
나	무

사	자
사	자

버	스
버	스

바	구	니
바	구	니

낱말 쓰기 3

 다음 낱말을 소리 내어 읽고 빈칸에 써 보세요.

미	녀
미	녀

여	우
여	우

우	유
우	유

이	야	기
이	야	기

 다음 낱말을 소리 내어 읽고 빈칸에 써 보세요.

기	차
기	차

치	마
치	마

카	드
카	드

타	조
타	조

 다음 낱말을 소리 내어 읽고 빈칸에 써 보세요.

차	표
차	표

포	도
포	도

허	리
허	리

휴	지
휴	지

낱말 쓰기 6

 다음 낱말을 소리 내어 읽고 빈칸에 써 보세요.

사	과
사	과

과	자
과	자

도	화	지
도	화	지

화	내	다
화	내	다

 다음 낱말을 소리 내어 읽고 빈칸에 써 보세요.

노	래
노	래

대	나	무
대	나	무

배	추
배	추

무	지	개
무	지	개

 다음 낱말을 소리 내어 읽고 빈칸에 써 보세요.

세	수
세	수

네	모
네	모

베	개
베	개

제	주	도
제	주	도

 다음 글을 소리 내어 읽고 빈칸에 써 보세요.

나		그	리	고		너
나		그	리	고		너

나	무		기	르	기
나	무		기	르	기

바	구	니	가		커	요	.
바	구	니	가		커	요	.

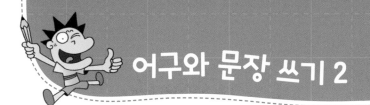
 다음 글을 소리 내어 읽고 빈칸에 써 보세요.

이	가		아	파	요	.
이	가		아	파	요	.

미	녀	와		야	수
미	녀	와		야	수

여	기		모	두		모	여	요	.
여	기		모	두		모	여	요	.

 다음 글을 소리 내어 읽고 빈칸에 써 보세요.

포	도	가		나	무	에
포	도	가		나	무	에

자	기		소	개	하	세	요	.
자	기		소	개	하	세	요	.

어	제	와		내	일
어	제	와		내	일

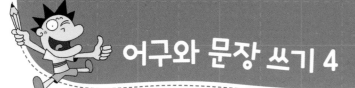
 다음 글을 소리 내어 읽고 빈칸에 써 보세요.

소		세		마	리
소		세		마	리

자	세		바	르	게
자	세		바	르	게

비	가		세	차	게
비	가		세	차	게

다음 글을 소리 내어 읽고 빈칸에 써 보세요.

기	차	표	는		여	기	에
기	차	표	는		여	기	에

키	가		너	무		크	다	.
키	가		너	무		크	다	.

도	화	지	에		그	려	요	.
도	화	지	에		그	려	요	.

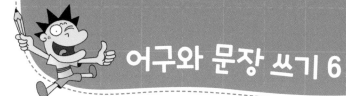

 다음 글을 소리 내어 읽고 빈칸에 써 보세요.

화	내	지		마	세	요	.
화	내	지		마	세	요	.

노	래	를		부	르	다	.
노	래	를		부	르	다	.

세	모	와		네	모
세	모	와		네	모

2단계 평가

1. 다음 그림에 알맞은 낱말을 선으로 이으세요.

❶  ❷ ❸

• • •

ㄱ ㄴ ㄷ

차표 네모 사자

2. 그림에 알맞은 낱말을 정확하게 쓴 것은 무엇인가요?

❶ 이야기

❷ 포또

❸ 무지게

❹ 베개

❺ 새수

3. 보기에서 알맞은 낱말을 찾아 빈칸에 쓰세요.

[보기] 기차 베개 지우개 도화지 세수 제주도 허리 구두

❶ ⬜⬜ 는 여러 개의 차를 길게 이어놓은 모양입니다.

❷ 그림을 그릴 때 ⬜⬜⬜ 가 필요합니다.

❸ 잠을 잘 때 머리 밑에 괴는 것을 ⬜⬜ 라고 합니다.

❹ ⬜⬜ 는 사람 몸의 가운데 부분으로 가장 잘록합니다.

❺ 우리나라에서 가장 큰 섬은 ⬜⬜⬜ 입니다.

❻ ⬜⬜⬜ 는 연필로 쓴 것을 지울 때 쓰는 학용품입니다.

❼ 아빠가 양복을 입을 때 신는 신발은 ⬜⬜ 입니다.

❽ ⬜⬜ 는 아침에 일어나서 얼굴과 손을 씻는 것입니다.

2단계 평가

  4. 문제를 읽고 알맞은 낱말을 찾아 빈칸에 바르게 옮겨 쓰세요.

❶ 오늘의 바로 하루 전날은 무엇인가요?
　① 어제　　② 어재

❷ 다리가 길지만 날개가 작아서 날지는 못하는
　새는 무엇인가요?
　① 타죠　　② 타조

❸ 얼굴이 아름다운 여자를 어떻게 말할까요?
　① 미여　　② 미녀

❹ 밀가루에 설탕, 우유 등을 넣고 만들어
　간식으로 먹는 것은 무엇인가요?
　① 가자　　② 과자

❺ 코를 풀 때 쓰는 얇은 종이는 무엇인가요?
　① 휴지　　② 후지

❻ 비가 그친 뒤 생기는 반원 모양의 일곱 빛깔의
　줄은 무엇인가요?
　① 무지게　　② 무치개　　③ 무지개

❼ 오늘의 바로 다음날은 무엇인가요?
　① 내일　　② 네일

❽ 불을 끌 때 사용하는 도구는 무엇인가요?
　① 소와기　　② 소화기　　③ 소하기

5. 왼쪽 ☐ 안의 틀린 글자를 찾아, 오른쪽 빈칸에 바르게 쓰세요.

틀린 글자 찾기	바르게 고쳐 쓰기

❶ 어재 와 네일   ☐☐ 와 ☐☐

❷ 기차포 는 여기애   ☐☐☐ 는 ☐☐☐

❸ 자기 소게하새요 .   자기 ☐☐☐☐☐ .

❹ 너무 화네지 마새요 .   너무 ☐☐☐ ☐☐☐ .

❺ 소 새 마리   소 ☐ ☐☐

❻ 그림을 자새히 바요 .   그림을 ☐☐☐ ☐☐ .

❼ 비가 새차게 네려요 .   비가 ☐☐☐ ☐☐☐ .

❽ 도와지 에 그러요 .   ☐☐☐ 에 ☐☐☐ .

3단계
받침이 없는 어려운 글자

"주사위 줘서 고마워!"
"스웨터가 얘 거라는 얘기구나."
어때요? 받침이 없지만 쉬워 보이지 않지요?
3단계에서는 'ᅯ'와 'ᅥ', 'ᅱ'와
'ᅵ', 'ᅬ'와 'ᅰ'처럼
받침이 없지만 발음이 어려운 글자로
이루어진 낱말을 배울 거예요.

 '애'부터 '왜'까지 순서에 맞게 모음자를 바르게 써 봅시다.

애	애	에	예	와	왜
ㅐ	ㅒ	ㅔ	ㅖ	ㅘ	ㅙ
ㅐ	ㅒ	ㅔ	ㅖ	ㅘ	ㅙ

 '외'부터 '의'까지 순서에 맞게 모음자를 바르게 써 봅시다.

외	워	웨	위	의
ㅚ	ㅝ	ㅞ	ㅟ	ㅢ
ㅚ	ㅝ	ㅞ	ㅟ	ㅢ

 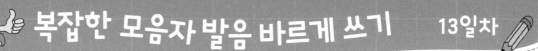
 '애'부터 '의'까지 모음자의 발음을 바르게 써 봅시다.

애	애	에	예	와	왜
애	애	에	예	와	왜

외	워	웨	위	의
외	워	웨	위	의

다음 낱말을 소리 내어 읽고 빈칸에 써 보세요.

애	기
애	기

애	들
애	들

시	계
시	계

차	례
차	례

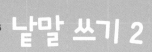

 다음 낱말을 소리 내어 읽고 빈칸에 써 보세요.

고	마	워
고	마	워

미	워
미	워

쉬	워	요
쉬	워	요

귀	여	워
귀	여	워

 다음 낱말을 소리 내어 읽고 빈칸에 써 보세요.

가	위
가	위

바	퀴
바	퀴

추	위
추	위

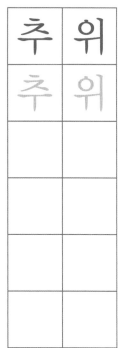

지	저	귀	다
지	저	귀	다

 다음 낱말을 소리 내어 읽고 빈칸에 써 보세요.

의	자
의	자

무	늬
무	늬

의	사
의	사

예	의
예	의

낱말 쓰기 5

 다음 낱말을 소리 내어 읽고 빈칸에 써 보세요.

괴	물
괴	물

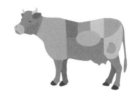

쇠	고	기
쇠	고	기

회	사
회	사

외	치	다
외	치	다

초등 입학 전 미리 공부하는 또박또박 한글 떼기 2

 다음 낱말을 소리 내어 읽고 빈칸에 써 보세요.

왜
왜

돼	지
돼	지

스	웨	터
스	웨	터

유	쾌	하	다
유	쾌	하	다

다음 글을 소리 내어 읽고 빈칸에 써 보세요.

누	나		고	마	워	.
누	나		고	마	워	.

어	두	워	서		무	서	워	.
어	두	워	서		무	서	워	.

새	가		지	저	귀	다	.
새	가		지	저	귀	다	.

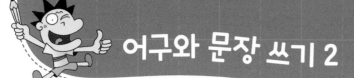
 다음 글을 소리 내어 읽고 빈칸에 써 보세요.

가	위		바	위		보
가	위		바	위		보

귀	여	운		아	기
귀	여	운		아	기

무	늬	가		예	쁘	다	.
무	늬	가		예	쁘	다	.

다음 글을 소리 내어 읽고 빈칸에 써 보세요.

예	의		바	르	게
예	의		바	르	게

바	퀴		뒤	에		괴	물	이
바	퀴		뒤	에		괴	물	이

귀		기	울	여		주	세	요	.
귀		기	울	여		주	세	요	.

 다음 글을 소리 내어 읽고 빈칸에 써 보세요.

돼	지	고	기	와		쇠	고	기
돼	지	고	기	와		쇠	고	기

너		왜		그	러	니?		
너		왜		그	러	니?		

과	자	를		나	눠		주	고
과	자	를		나	눠		주	고

3단계 평가

 1. 다음 그림에 알맞은 낱말을 선으로 이으세요.

①

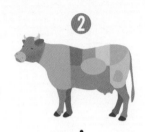
②

③

ㄱ

회사

ㄴ

쇠고기

ㄷ

추위

 2. 그림에 알맞은 낱말을 정확하게 쓴 것은 무엇인가요?

①   귀여어

②   시게

③   의자

④   되지

⑤   스에터

3. 보기에서 알맞은 낱말을 찾아 빈칸에 쓰세요.

[보기] 의사 예의 무늬 고마워 괴물 가위 돼지고기 웨이터

❶ 친구가 내 가방을 들어주면 ☐☐☐ 라고 말해야 합니다.

❷ ☐☐ 는 병을 치료하고 진찰하는 사람입니다.

❸ 말투나 몸가짐이 공손한 사람을 ☐☐ 바르다고 합니다.

❹ ☐☐ 는 옷감이나 종이 따위를 자르는 데 사용합니다.

❺ 소의 고기는 쇠고기, 돼지의 고기는 ☐☐☐☐ 입니다.

❻ ☐☐☐ 는 식당에서 손님의 시중을 드는 남자입니다.

❼ 물건의 표면을 장식하는 여러 가지 모양을 ☐☐ 라고 합니다.

❽ ☐☐ 은 전설에 나오는 사람을 괴롭히는 괴상하게 생긴 생물입니다.

4. 문제를 읽고 알맞은 낱말을 찾아 빈칸에 바르게 옮겨 쓰세요.

❶ 하는 짓이 마음에 들지 않는 사람에게는
뭐라고 말할까요?
① 미어　　② 미워

❷ '이 아이들'을 줄여 쓴 말은 무엇인가요?
① 얘들　　② 애들

❸ 기분이 즐겁고 상쾌한 것은 무엇인가요?
① 유쾌하다　　② 유캐하다

❹ 매우 부피가 큰 돌은 무엇인가요?
① 바이　　② 바위

❺ 목소리가 고운 사람을 비유할 때 쓰는
새의 이름은 무엇인가요?
① 꾀고리　　② 괴꼬리　　③ 꾀꼬리

❻ '이야기'를 줄여 쓴 말은 무엇인가요?
① 얘기　　② 애기

❼ 몹시 살찐 사람을 놀릴 때 쓰는 이 동물의
이름은 무엇인가요?
① 되지　　② 돼지

❽ 털실로 짠 윗옷은 무엇인가요?
① 스에터　　② 수웨터　　③ 스웨터

5. 왼쪽 ☐ 안의 틀린 글자를 찾아, 오른쪽 빈칸에 바르게 쓰세요.

| 틀린 글자 찾기 | 바르게 고쳐 쓰기 |

❶ 되 지 고기와 쇠고기   ☐☐ 고기와 쇠고기

❷ 애 들 아, 이리로 모여.   ☐☐☐, 이리로 모여.

❸ 새들이 지 저 기 는 소리   새들이 ☐☐☐☐ 소리

❹ 무 니 가 에 쁘 다.   ☐☐ 가 ☐☐☐.

❺ 띠 어 쓰 기 에 주 이 하세요.   ☐☐☐☐ 에 ☐☐ 하세요.

❻ 오늘은 웨 이리 추울까요?   오늘은 ☐ 이리 추울까요?

❼ 선생님께 에 의 바르게   선생님께 ☐☐ 바르게

❽ 이 자 에 차 레 대로 앉아요.   ☐☐ 에 ☐☐ 대로 앉아요.

4단계
받침이 있는 쉬운 글자

"밥에 밤이 들어 있어."
"양말을 신고 운동화를 신자."
밑줄 그은 단어에는 받침이 있어요.
'밥'과 '밤'이 헷갈린다면 'ㅂ'과
'ㅁ' 받침의 차이를 알아야겠지요.
4단계에서는 받침이 있는
글자들을 배워 봐요.

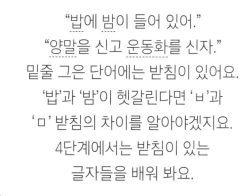

받침은 글자의 아래쪽에 있는 자음을 말해요.

어떤 자음이 받침으로 오는지에 따라 글자의 뜻이 변한답니다.

'바'라는 글자가 다양한 받침을 만나 어떻게 변하는지 살펴보세요.

 밥

글자 '바'에 'ㅂ(비읍)' 받침이 오면 맛있는 '밥'이 돼요.

 밤

글자 '바'에 'ㅁ(미음)' 받침이 오면 깜깜한 '밤'이 돼요.

 발

글자 '바'에 'ㄹ(리을)' 받침이 오면 간지러운 '발'이 돼요..

 밭

글자 '바'에 'ㅌ(티읕)' 받침이 오면 넓은 '밭'이 돼요.

 다음 낱말을 소리 내어 읽고 빈칸에 써 보세요.

구	름
구	름

고	양	이
고	양	이

달	리	기
달	리	기

양	말
양	말

61

낱말 쓰기 2

 다음 낱말을 소리 내어 읽고 빈칸에 써 보세요.

이	슬
이	슬

동	물
동	물

통	조	림
통	조	림

공	놀	이
공	놀	이

낱말 쓰기 3

20일차

 다음 낱말을 소리 내어 읽고 빈칸에 써 보세요.

대	답
대	답

지	갑
지	갑

칭	찬
칭	찬

우	주	선
우	주	선

63

낱말 쓰기 4

 다음 낱말을 소리 내어 읽고 빈칸에 써 보세요.

김	밥
김	밥

언	덕
언	덕

사	진	첩
사	진	첩

과	학
과	학

 다음 낱말을 소리 내어 읽고 빈칸에 써 보세요.

연	필
연	필

저	녁
저	녁

수	업
수	업

일	곱
일	곱

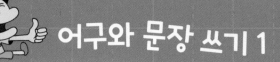

 다음 글을 소리 내어 읽고 빈칸에 써 보세요.

동	그	란		엄	마		얼	굴
동	그	란		엄	마		얼	굴

즐	거	운		우	리		집
즐	거	운		우	리		집

놀	란		표	정	으	로
놀	란		표	정	으	로

 다음 글을 소리 내어 읽고 빈칸에 써 보세요.

호	랑	이	가		술	래	입	니	다	.
호	랑	이	가		술	래	입	니	다	.

손	을		흔	들	어	요	.
손	을		흔	들	어	요	.

공	놀	이	하	며		놀	아	요	.
공	놀	이	하	며		놀	아	요	.

 다음 글을 소리 내어 읽고 빈칸에 써 보세요.

사	랑	스	러	운		강	아	지
사	랑	스	러	운		강	아	지

지	갑		속	에		돈	이
지	갑		속	에		돈	이

연	필	로		우	주	선	을		그	린	다	.
연	필	로		우	주	선	을		그	린	다	.

 다음 글을 소리 내어 읽고 빈칸에 써 보세요.

건	널	목	을		건	너	요	.
건	널	목	을		건	너	요	.

저	녁		식	사	로		김	밥	을
저	녁		식	사	로		김	밥	을

솜	사	탕		먹	고		싶	어	요	.
솜	사	탕		먹	고		싶	어	요	.

4단계 평가

 1. 다음 그림에 알맞은 낱말을 선으로 이으세요.

①

②

③

ㄱ
가방

ㄴ
우주선

ㄷ
달리기

 2. 그림에 알맞은 낱말을 정확하게 쓴 것은 무엇인가요?

① 　　수엄

② 　　이슬

③ 　　친찬

④ 　　일곰

⑤ 　　김빱

3. 보기에서 알맞은 낱말을 찾아 빈칸에 쓰세요.

[보기] 양말 칭찬 강아지 저녁 안녕 지갑 병원 구름

❶ 선생님은 내가 착한 일을 하면 　　　 해 주십니다.

❷ 　　　 은 맨발에 신도록 실이나 천으로 짜서 만듭니다.

❸ 해 질 무렵부터 밤이 오기까지를 　　　 이라고 합니다.

❹ 병을 치료하고 진료하는 곳을 　　　 이라고 합니다.

❺ 　　　 은 수증기가 물방울로 변해 하늘에 떠다니는 것입니다.

❻ 말의 새끼는 망아지, 개의 새끼는 　　　 입니다.

❼ 　　　 은 돈을 넣기 위해 가죽 따위로 만든 물건입니다.

❽ 만나거나 헤어질 때 　　　 이라고 인사합니다.

 4. 문제를 읽고 알맞은 낱말을 찾아 빈칸에 바르게 옮겨 쓰세요.

❶ 바람이 불면 빙빙 회전하는 것은 무엇인가요?
① 바람개비   ② 바람게비

❷ 호랑이, 소와 같은 짐승을 무엇이라고
하나요?
① 돔물   ② 동물

❸ 아침에 풀밭이나 꽃잎에 맺힌 물방울은
무엇인가요?
① 이술   ② 이슬

❹ 소풍 갈 때 도시락으로 많이 싸가는 것은?
① 김밤   ② 김밥

❺ 오래 보관하기 위해 양철통에 넣고
봉한 식품은 무엇인가요?
① 통조림   ② 통죠림

❻ 주변보다 높고 경사가 진 곳은 무엇인가요?
① 엉덕   ② 언덕

❼ 우주 공간을 비행할 수 있게 만든 물체는
무엇인가요?
① 우쥬선   ② 우주성   ③ 우주선

❽ 사진을 붙여 정리하고 보관하는 책은
무엇인가요?
① 사진첩   ② 사진첨   ② 사징첩

5. 왼쪽 ☐ 안의 틀린 글자를 찾아, 오른쪽 빈칸에 바르게 쓰세요.

틀린 글자 찾기	바르게 고쳐 쓰기

❶ 호 란 이 가 순 래 입니다. → ☐☐☐ 가 ☐☐ 입니다.

❷ 증 거 운 우리 집 → ☐☐☐ 우리 집

❸ 손을 흔 든 어 요. → 손을 ☐☐☐☐.

❹ 곤 놀 이 하며 노 라 요. → ☐☐ 하며 ☐☐.

❺ 건 널 몽 을 건너요. → ☐☐ 을 건너요.

❻ 염 필 로 우주선을 그려요. → ☐ 로 우주선을 그려요.

❼ 동 그 랑 엄마 언 굴 → ☐☐☐ 엄마 ☐☐

❽ 파 랑 대문 집에 사 라 요. → ☐☐ 대문 집에 ☐☐.

73

5단계
받침이 있는 어려운 글자

"펭귄의 배는 흰색?"
앞에서 '귀', 'ㅢ', 'ㅞ' 같은 어려운 모음을 배웠지요?
이번에는 어려운 모음에 받침이 들어간
단어를 배울 차례예요.
더 어려워졌지요?
그럼 긴장하고 배워 볼까요?

낱말 쓰기 1

25일차

다음 낱말을 소리 내어 읽고 빈칸에 써 보세요.

냄	비
냄	비

선	생	님
선	생	님

달	팽	이
달	팽	이

요	술	쟁	이
요	술	쟁	이

 다음 낱말을 소리 내어 읽고 빈칸에 써 보세요.

굼	벵	이
굼	벵	이

첼	로
첼	로

넥	타	이
넥	타	이

돌	멩	이
돌	멩	이

 다음 낱말을 소리 내어 읽고 빈칸에 써 보세요.

활	활
활	활

왕	자
왕	자

촬	영
촬	영

황	소
황	소

 다음 낱말을 소리 내어 읽고 빈칸에 써 보세요.

쉼표
쉼표

 광장
광장

 궁궐
궁궐

 월계수
월계수

 다음 낱말을 소리 내어 읽고 빈칸에 써 보세요.

동	화	책
동	화	책

백	조
백	조

앵	두
앵	두

맵	다
맵	다

 다음 낱말을 소리 내어 읽고 빈칸에 써 보세요.

곱	셈
곱	셈

관	광
관	광

병	원
병	원

권	총
권	총

 다음 낱말을 소리 내어 읽고 빈칸에 써 보세요.

펭	권
펭	권

Louvre Museum

박	물	관
박	물	관

왼	손
왼	손

계	획
계	획

 다음 글을 소리 내어 읽고 빈칸에 써 보세요.

생	선	을		냄	비	에
생	선	을		냄	비	에

팽	이	를		돌	리	다	.
팽	이	를		돌	리	다	.

종	이	와		색	연	필
종	이	와		색	연	필

83

어구와 문장 쓰기 2

 다음 글을 소리 내어 읽고 빈칸에 써 보세요.

신	기	한		맷	돌
신	기	한		맷	돌

쟁	반	같	이		둥	근		달
쟁	반	같	이		둥	근		달

요	술	쟁	이	의		램	프
요	술	쟁	이	의		램	프

 다음 글을 소리 내어 읽고 빈칸에 써 보세요.

돌	멩	이	에		빗	댄
돌	멩	이	에		빗	댄

백	조	가		활	발	하	게
백	조	가		활	발	하	게

옹	달	샘	이		있	는		쉼	터
옹	달	샘	이		있	는		쉼	터

 다음 글을 소리 내어 읽고 빈칸에 써 보세요.

영	화		촬	영	장	에	서
영	화		촬	영	장	에	서

동	화	책		속		왕	자
동	화	책		속		왕	자

시	원	하	게		맨	발	로
시	원	하	게		맨	발	로

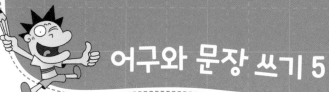 

 다음 글을 소리 내어 읽고 빈칸에 써 보세요.

덧	셈	과		뺄	셈
덧	셈	과		뺄	셈

생	선	조	림	이		맵	다	.
생	선	조	림	이		맵	다	.

활	발	한		활	동
활	발	한		활	동

87

어구와 문장 쓰기 6

31일차

다음 글을 소리 내어 읽고 빈칸에 써 보세요.

왼	발	을		내	밀	다	.
왼	발	을		내	밀	다	.

광	장	에	서		만	나	요	.
광	장	에	서		만	나	요	.

권	총	을		찬		황	제
권	총	을		찬		황	제

어구와 문장 쓰기 7

 다음 글을 소리 내어 읽고 빈칸에 써 보세요.

뒷	머	리
뒷	머	리

펭	권	의		배	는		흰	색
펭	권	의		배	는		흰	색

연	못	에		활	짝		핀		연	꽃
연	못	에		활	짝		핀		연	꽃

 1. 다음 그림에 알맞은 낱말을 선으로 이으세요.

①

②

③

ㄱ

ㄴ

ㄷ

황소

첼로

달팽이

 2. 그림에 알맞은 낱말을 정확하게 쓴 것은 무엇인가요?

① 왕자

② 선샌님

③ 냄비

④ 광잔

⑤ 곱셉

3. 보기에서 알맞은 낱말을 찾아 빈칸에 쓰세요.

[보기] 요술쟁이 촬영 권총 쉼터 동생 궁궐 포도잼 관광

❶ 한 손으로 다룰 수 있는 짧고 작은 총은 ⬜⬜ 입니다.

❷ ⬜⬜⬜⬜ 는 요술하는 재주가 있는 사람입니다.

❸ 쉬는 장소를 ⬜⬜ 라고 합니다.

❹ 같은 부모에게서 태어난 자식 중 나이가 적은 사람이 ⬜⬜ 입니다.

❺ ⬜⬜ 은 임금이 거처하던 집을 이르는 말입니다.

❻ 포도를 으깨어 설탕을 넣고 졸이면 ⬜⬜⬜ 이 됩니다.

❼ ⬜⬜ 은 다른 지방이나 나라에 가서 풍경을 구경하는 것입니다.

❽ 사물의 모습이나 동작을 사진기로 찍는 것을 ⬜⬜ 이라고 합니다.

5단계 평가

 4. 문제를 읽고 알맞은 낱말을 찾아 빈칸에 바르게 옮겨 쓰세요.

❶ 양복을 입을 때 와이셔츠 깃 아래에 매는 것은
무엇인가요?
① 넥타이   ② 낵타이

❷ 불꽃이 타오르는 모습을 나타낸 말은
무엇인가요?
① 할할   ② 활활

❸ 남반구 추운 지방에 사는 날지 못하는 새는?
① 펭긴   ② 팽권   ③ 펭권

❹ 거리에 많은 사람들이 모이도록 만들어
놓은 공터는 무엇인가요?
① 광장   ② 관장

❺ '어렵다'의 반대말로 하기가 힘들지 않다는
말은 무엇인가요?
① 십다   ② 쉽다

❻ 인간이나 동물의 생활에 영향을 미치는
자연적인 조건을 무엇이라고 하나요?
① 환경   ② 한경

❼ 매미의 애벌레로 동작이 굼뜬 사람을
비유하는 말은 무엇인가요?
① 굼뱅이   ② 굼벵이   ③ 금벵이

❽ 역사적 유물이나 미술품을 전시하는 곳은?
① 방물관   ② 박물간   ③ 박물관

5. 왼쪽 ☐ 안의 틀린 글자를 찾아, 오른쪽 빈칸에 바르게 쓰세요.

틀린 글자 찾기

바르게 고쳐 쓰기

❶ 신기한 맷 돌

신기한 ☐☐

❷ 샌 선 을 낸 비 에

☐☐ 을 ☐☐ 에

❸ 벡 조 가 할 발 하게

☐☐ 가 ☐☐ 하게

❹ 요 술 젱 이 의 렘 프

☐☐☐☐ 의 ☐☐

❺ 심 표 를 찍다.

☐☐ 를 찍다.

❻ 왠 손 에 건 총 을 들고

☐☐ 에 ☐☐ 을 들고

❼ 펭 긴 의 배는 힌 색 이다.

☐☐ 의 배는 ☐☐ 이다.

❽ 돌 맹 이 로 맛 추 다.

☐☐☐ 로 ☐☐☐.

국어 교과서 따라잡기

1학년 1학기 국어 교과서에서
각 단원별로 중요한 어구와 문장을
10개씩 골라 받아쓰기 문제지를 만들었습니다.
103~104쪽에 수록된 받아쓰기 문제를
아이가 잘 받아쓸 수 있도록
한 번은 천천히, 그다음은
정상 속도로 불러 주세요.

1. 바른 자세로 읽고 쓰기

불러 주는 말을 잘 듣고, 띄어쓰기에 유의하여 받아쓰세요.

❶

❷

❸

❹

❺

❻

❼

❽

❾

❿

2. 재미있게 ㄱㄴㄷ

불러 주는 말을 잘 듣고, 띄어쓰기에 유의하여 받아쓰세요.

❶

❷

❸

❹

❺

❻

❼

❽

❾

❿

3. 다함께 아야어여

불러 주는 말을 잘 듣고, 띄어쓰기에 유의하여 받아쓰세요.

❶

❷

❸

❹

❺

❻

❼

❽

❾

❿

4. 글자를 만들어요

점수　　　　점 / 100점

불러 주는 말을 잘 듣고, 띄어쓰기에 유의하여 받아쓰세요.

❶

❷

❸

❹

❺

❻

❼

❽

❾

❿

5. 다정하게 인사해요

불러 주는 말을 잘 듣고, 띄어쓰기에 유의하여 받아쓰세요.

❶

❷

❸

❹

❺

❻

❼

❽

❾

❿

6. 받침이 있는 글자

점수   점 / 100점

초등 입학 전 미리 공부하는 또박또박 한글 떼기 2

불러 주는 말을 잘 듣고, 띄어쓰기에 유의하여 받아쓰세요.

❶

❷

❸

❹

❺

❻

❼

❽

❾

❿

초등 입학 전 미리 공부하는 또박또박 한글 떼기 2

7. 생각을 나타내요

점수　　　　점 / 100점

불러 주는 말을 잘 듣고, 띄어쓰기에 유의하여 받아쓰세요.

❶

❷

❸

❹

❺

❻

❼

❽

❾

❿

8. 소리 내어 또박또박 읽어요

불러 주는 말을 잘 듣고, 띄어쓰기에 유의하여 받아쓰세요.

❶

❷

❸

❹

❺

❻

❼

❽

❾

❿

아이가 잘 받아쓸 수 있도록 한 번은 천천히, 그다음은 정상 속도로 문제를 불러 주세요.
채점을 할 때는 띄어쓰기와 마침표 위치도 꼭 확인하세요.
점선을 따라 잘라 두면 문제를 불러 줄 때, 채점할 때 편리하게 이용할 수 있습니다.

93쪽

1. 나, 너
2. 아버지와 어머니
3. 우리 가족
4. 친구, 선생님
5. 거미, 구두
6. 나무, 참새
7. 제비, 지우개
8. 바구니
9. 연필을 바르게 잡아요.
10. 선을 그어 봅시다.

94쪽

1. 사과, 앵두
2. 자두, 참외
3. 콩, 토마토
4. 레몬, 포도
5. 호박, 저고리
6. 바지, 치마
7. 호수, 주머니
8. 고라니, 오리
9. 축구공, 가방
10. 색종이, 연필

95쪽

1. 말썽꾸러기 원숭이
2. 귀를 잡아당기다.
3. 소리를 지르네.
4. 아야어여오요우유으이
5. 파, 무
6. 오이, 가지
7. 도라지, 고구마
8. 하마, 바나나
9. 포도, 소고
10. 하하하, 호호호

96쪽

1. 다 같이 손뼉을
2. 즐겁게 노래해
3. 개구리, 너구리
4. 병아리, 잠자리
5. 어두운 밤길에서
6. 넘어질까 봐
7. 달님이 따라오며
8. 비추어 줘요.
9. 혼자서 걸어가면
10. 심심할까 봐

1학년 1학기 받아쓰기 문제

97쪽

1. 안녕하세요?
2. 오랜만입니다.
3. 반갑습니다.
4. 안녕히 V 주무셨어요?
5. 고맙습니다.
6. 잘 V 먹겠습니다.
7. 학교 V 다녀왔습니다.
8. 얘들아, 안녕?
9. 민수야, V 축하해!
10. 다녀오겠습니다.

98쪽

1. 손수건, V 줄넘기
2. 숲, V 집
3. 강, V 돌, V 밭
4. 구름 V 놀이
5. 예쁜 V 꽃이 V 피었습니다.
6. 깡충깡충
7. 폴짝폴짝
8. 어슬렁어슬렁
9. 어흥
10. 커다랗고 V 새하얀 V 솜사탕

99쪽

1. 세수를 V 합니다.
2. 잠을 V 잡니다.
3. 책을 V 읽습니다.
4. 꼬리를 V 흔듭니다.
5. 반가워합니다.
6. 시소, V 미끄럼틀
7. 놀이터에서 V 놀아요.
8. 원숭이가 V 그네를 V 타요.
9. 악어가 V 이를 V 닦습니다.
10. 기린이 V 물을 V 마십니다.

100쪽

1. 어서 V 들어가자.
2. 어서 V 들어가, V 자.
3. 어서 V 들어. V 가자!
4. 나무꾼이 V 산에서
5. 호랑이를 V 만났어요.
6. 형님, V 여기 V 계셨군요!
7. 탈을 V 쓰고 V 태어나
8. 날마다 V 울고 V 계세요.
9. 큰 V 잘못을 V 했구나!
10. 따뜻하고, V 간지러워요.

1단계 자음과 모음

1. (1) ㅅ, ㅗ (2) ㄴ, ㅣ 2. ④ 3. ㅎ 4. ③ 5. 우

2단계 받침이 없는 쉬운 글자

1. (1)-ⓒ (2)-㉠ (3)-ⓛ 2. ④ 3. (1) 기차 (2) 도화지 (3) 베개 (4) 허리 (5) 제주도 (6) 지우개 (7) 구두 (8) 세수 4. (1) ① (2) ② (3) ② (4) ② (5) ① (6) ③ (7) ① (8) ② 5. (1) 어제, 내일 (2) 기차표, 여기에 (3) 소개하세요 (4) 화내지, 마세요 (5) 세, 마리 (6) 자세히, 봐요 (7) 세차게, 내려요 (8) 도화지, 그려요

3단계 받침이 없는 어려운 글자

1. (1)-ⓒ (2)-ⓛ (3)-㉠ 2. ③ 3. (1) 고마워 (2) 의사 (3) 예의 (4) 가위 (5) 돼지고기 (6) 웨이터 (7) 무늬 (8) 괴물 4. (1) ② (2) ① (3) ① (4) ② (5) ③ (6) ① (7) ② (8) ③ 5. (1) 돼지 (2) 얘들아 (3) 지저귀는 (4) 무늬, 예쁘다 (5) 띄어쓰기, 주의 (6) 왜 (7) 예의 (8) 의자, 차례

4단계 받침이 있는 쉬운 글자

1. (1)-㉠ (2)-ⓒ (3)-ⓛ 2. ② 3. (1) 칭찬 (2) 양말 (3) 저녁 (4) 병원 (5) 구름 (6) 강아지 (7) 지갑 (8) 안녕 4. (1) ① (2) ② (3) ② (4) ② (5) ① (6) ② (7) ③ (8) ① 5. (1) 호랑이, 술래 (2) 즐거운 (3) 흔들어요 (4) 공놀이, 놀아요 (5) 건널목 (6) 연필 (7) 동그란, 얼굴 (8) 파란, 살아요

5단계 받침이 있는 어려운 글자

1. (1)-ⓒ (2)-㉠ (3)-ⓛ 2. ① 3. (1) 권총 (2) 요술쟁이 (3) 쉼터 (4) 동생 (5) 궁궐 (6) 포도잼 (7) 관광 (8) 촬영 4. (1) ① (2) ② (3) ③ (4) ① (5) ② (6) ① (7) ② (8) ③ 5. (1) 맷돌 (2) 생선, 냄비 (3) 백조, 활발 (4) 요술쟁이, 램프 (5) 쉼표 (6) 왼손, 권총 (7) 펭귄, 흰색 (8) 돌멩이, 맞추다

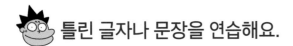 틀린 글자나 문장을 연습해요.

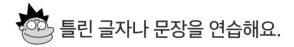 틀린 글자나 문장을 연습해요.

퍼플카우콘텐츠팀 | 재미있고 유익한 어린이 책을 기획하고 만드는 사람들입니다. 기획자, 전문작가, 편집자 등으로 구성되어 '보랏빛소 워크북 시리즈'를 비롯한 아동 교양 실용서를 만들고 있습니다.

이우일 | 어린 시절, 구석진 다락방에서 삼촌과 고모의 외국 잡지를 탐독하며 조용히 만화가의 꿈을 키워 오다 홍익대학교 시각디자인학과에 들어가 그 꿈을 맘껏 펼치기 시작합니다. 신선한 아이디어로 '도날드 닭', '노빈손' 등 재미있는 그림을 그려 사람들을 즐겁게 해주고 있습니다. 지은 책으로는 《우일우화》, 《옥수수빵파랑》, 《좋은 여행》, 《고양이 카프카의 고백》 등이 있습니다. 그림책 작가인 아내 선현경, 딸 은서, 고양이 카프카, 비비와 함께 그림을 그리고 글을 쓰며 살고 있습니다.

장희윤 | 이화여자대학교 사범대학 교육공학과와 국어국문학과를 졸업했고, 연세대학교 교육대학원에서 상담교육을 전공했습니다. 학생이 만드는 '경기꿈의학교—통학버스(통일 품은 학생 버스커)'의 꿈지기 교사이자, 전직 중학교 국어 교사로 10여 년간 사교육과 공교육을 넘나들며 많은 학생에게 국어 및 자기주도적 학습 전략을 지도하는 학습 코칭 크리에이터로 활동하고 있습니다. 네이버 오디오 클립 〈슬기로운 사춘기 생활〉을 운영하고 있으며, 지은 책으로는 《2016 더 배움 국어 검정고시》, 《사춘기 부모 수업》 등이 있습니다.

보랏빛소 워크북 시리즈

초등 입학 전 미리 공부하는

또박또박 한글 떼기 ❷

초판 1쇄 발행 | 2021년 6월 18일

지은이 | 퍼플카우콘텐츠팀
그린이 | 이우일
감수자 | 장희윤

펴낸곳 | 보랏빛소
펴낸이 | 김철원

책임편집 | 김이슬
마케팅·홍보 | 이태훈
디자인 | 진선미

출판신고 | 2014년 11월 26일 제2015-000327호
주소 | 서울시 마포구 포은로 81-1 에스빌딩 201호
대표전화·팩시밀리 | 070-8668-8802 (F)02-323-8803
이메일 | boracow8800@gmail.com

ISBN 979-11-90867-27-6 (64700)
ISBN 979-11-90867-15-3 (세트)